SOUS PRESSE :
Thérèse, opéra-comique en 2 actes, par MM. de Planard et de Leuven.

LA FRANCE
DRAMATIQUE
AU
DIX-NEUVIÈME SIÈCLE.

Variétés.

LA VIE DE CHATEAU,
COMÉDIE-VAUDEVILLE EN DEUX ACTES.

395 — 396.

PARIS.

J. N. BARBA, AU PALAIS-ROYAL, Derrière le Théâtre Français;

DELLOYE, RUE DES FILLES-S.-THOMAS, Près de la Bourse.

BEZOU, BOULEVART S. MARTIN, Et rue Meslay, n° 34;

ON SOUSCRIT ÉGALEMENT
DANS LES BUREAUX DE LA FRANCE PITTORESQUE,
PLACE DE LA BOURSE.

1838.

AVIS. Les Sociétaires de la France Dramatique ont l'honneur de prévenir le public :
1° Qu'ils font imprimer en *une seule livraison* les pièces de théâtre en **UN** acte. — 2° Qu'ils publient en *deux livraisons* toutes les pièces de théâtre en **DEUX, TROIS, QUATRE** et **CINQ** actes, pour donner plus souvent des pièces nouvelles. — 3° Que les Pièces nouvelles des *Grands Théâtres* seront publiées en **TROIS LIVRAISONS** toutes les fois que le prix du manuscrit nécessitera cette addition. — 4° Que le service des souscriptions est réglé conformément à cet ordre de publication depuis le 1er avril 1838.

LA VIE DE CHATEAU,

COMÉDIE-VAUDEVILLE EN DEUX ACTES,

PAR

MM. DU MERSAN ET DUMANOIR;

Représentée pour la première fois, à Paris, sur le théâtre des Variétés, le 27 septembre 1838.

DISTRIBUTION DE LA PIÈCE :

M. BLANDUREAU, ancien modiste	M. Cazot.
Mme BLANDUREAU, sa femme	Mlle Jolivet.
ANAIS, fille de Blandureau	Mlle Olivier.
THOMAS, jeune médecin	M. Lionel.
Marie-Madelaine GOUPILLON	M. Hyacinthe.
M. GOBLOT	M. Rebard.
M. JACQUART	M. Édouard.
Mme JACQUART	Mme Alberti.
Mme Hortensia RADU, femme de lettres	Mlle Flore.
JUQUIN, paysans	M. Prosper Gothy.
PICHOUX, paysans	M. Dussert.
Toinon LABICHE, vieille paysanne	Mme Vautrin.
NICOLE et PIERRETTE, jeunes paysannes.	
LABRIE, domestique.	
Paysans et Paysannes.	

La scène se passe chez M. Blandureau, au château des Garennes.

ACTE PREMIER.

Un salon. Guéridon, fauteuils, chaises, une causeuse. Au premier plan, à droite du spectateur, un piano droit.

SCÈNE I.

M. GOBLOT, M. JACQUART, ANAIS, M. BLANDUREAU, Mme BLANDUREAU, Mme JACQUART, LABRIE *.

(Tous les personnages sont assis et endormis.—Au milieu, M. Blandureau, qui tient encore un journal.—Près de lui, Anaïs; elle a laissé tomber un volume, qui est à ses pieds.—Madame Blandureau, au fond, sur une causeuse. —MM. Jacquart et Goblot sont à gauche, aux deux bouts d'une table, où se trouve un damier : partie commencée. —Madame Jacquart, devant le piano.—Le domestique dort sur une chaise de jardin, en dehors du salon, dont la porte est ouverte.—Musique. L'orchestre joue l'air du *Muletier*.)

* Les acteurs sont placés en tête de chaque scène comme ils doivent l'être au théâtre : le premier inscrit tient toujours la gauche du spectateur, et ainsi de suite. Les changements de position, dans le courant des scènes, sont indiqués par des renvois au bas des pages.

SCÈNE II.

Les Mêmes, GOUPILLON, THOMAS.

GOUPILLON au fond, à la cantonade.

Venez donc, mon très cher... suivez mes pas... je suis l'ami intime de ce château.

THOMAS, paraissant.

Me voici.

GOUPILLON.

Je vais vous présenter... (Il s'avance.) Messieurs et dames, j'ai bien l'hon... (s'arrêtant.) ah ! bah !

THOMAS.

Tiens !

GOUPILLON.

Je suis stupéfié !

THOMAS, apercevant Anaïs, à part.

C'est elle !.. (Riant.) Ma foi, mon nouvel

ami, si c'est là ce que vous m'avez tant vanté...

GOUPILLON.

Ah çà! ah çà! voyons donc cette lettre... je l'ai sur moi, et je suis bien aise... la voici. (Lisant.) « A monsieur Marie-Madelaine Goupillon, à Paris, et signé Blandureau, ancien modiste, propriétaire du château des Garennes...» C'est bien ça... (Continuant à lire.) « Accourez, mon jeune ami; venez faire avec « nous la vie de château... depuis huit jours « que nous sommes aux Garennes, nous me- « nons l'existence la plus folle, la plus agitée : « les plaisirs succèdent au plaisirs : c'est une « orgie perpétuelle, qui ne nous laisse pas un « instant de repos.... nous faisons de la nuit le « jour...»

THOMAS.

Et du jour la nuit, à ce qu'il paraît.

GOUPILLON.

C'est ça... je pensais votre mot... (Pliant la lettre.) A la lecture de cette épître agaçante, je me dis : Ils s'en donnent là-bas comme des bossus, ils se repassent les joies du paradis... et je resterais à Paris, à boire de la poussière et à respirer de l'asphalte!... jamais! Je m'en vas folâtrer aux champs... à moi la chasse, la pêche, la blouse, la liberté et le chapeau de paille!... J'allais m'envoler, quand je vous rencontre, vous, mon ami de la veille... dont j'avais fait la connaissance chez ma tante Massepain... je vous tiens à-peu-près ce langage : Vous êtes un bon petit jeune homme, bien doux, bien timide... moi, je suis un farceur effréné... un grand méchant drôle, un féroce... venez avec moi chez les Blandureau... je vous lance comme un ballon, vous allez aux nues, et nous faisons crouler le château sous les farces... ça vous va-t-il?... vous hésitez... mais bah! depuis Napoléon, il n'y a rien d'impossible à l'homme qui a dit : *Je veux!*... je vous entraîne, je vous emporte comme un wagon... et nous voilà.

THOMAS.

C'est très bien... et maintenant que nous y sommes?...

GOUPILLON.

Maintenant que nous y sommes, les farces vont pleuvoir comme la grêle... Mais d'abord, permettez-moi de vous exposer les divers indigènes de l'endroit... abusons de leur sommeil... (Le conduisant près de Blandureau.) A tous seigneurs, tous honneurs... Ceci vous représente M. Blandureau, le maître de céans... ne saluez pas... ce gros homme, qui flotte entre cinquante et cinquante-cinq, est un ancien marchand de modes, qui doit sa fortune aux révolutions... qui se sont opérées dans les toques et les bonnets... il jouit d'une vingt-septaine de mille livres de rente... plus, du château ci-dessus et ci-dessous, dans lequel nous allons planer.

THOMAS.

Comme il dort!...

GOUPILLON.

Laissez-le faire.... (Lui montrant le journal.) Voilà son excuse... *Moniteur universel*... (Allant à madame Blandureau.) Madame Blandureau, femme du précédent... bonne française et fort grasse... des yeux magnifiques... tout bleus... vous les verrez, quand ils seront ouverts... (Allant à madame Jacquart.) Madame Jacquart, autre femme mariée, également potelée... elle se dit vertueuse et musicienne... les deux faits sont apocryphes... elle touche du piano comme une cigogne... (Allant à la table.) M. Jacquart, mari de la susdite... huissier retiré et apprivoisé.... physique fâcheux, susceptible de faire aboyer les chiens... aussi, on prétend que madame...

(Il lui parle à l'oreille.)

THOMAS.

Bah!

GOUPILLON.

Historique... M. Goblot, vieux particulier fort discret en société, parlant peu et très attentif à la conversation... il en profiterait beaucoup, s'il n'était complètement sourd...

THOMAS.

Sourd?...

GOUPILLON.

Comme une boutique de poterie... on ignore la source de cet inconvénient, auquel le canon est tout-à-fait étranger... à moins que ce ne soit le canon du Palais-Royal... ce boutiquier n'ayant pris aucune part à aucune bataille d'Austerlitz... sa figure lutte de laideur avec celle de monsieur, et la victoire est encore indécise.

THOMAS, désignant Anaïs.

Oui, mais en revanche...

GOUPILLON, continuant.

La fille de la maison... mademoiselle...

THOMAS.

Anaïs.

GOUPILLON.

Hein! comment... vous la connaissez?...

THOMAS.

Mais... fort peu... pour l'avoir vue quelquefois au couvent de la Visitation, où on élève ma sœur.

GOUPILLON.

Ah! on reçoit des visites, à la Visitation?... cette jeune brune, indépendamment des trésors qu'elle a reçus de la nature, recevra de monsieur son père une dot... fort appétissante... (Confidentiellement.) Eh bien! mon très cher, apprenez que Marie-Madelaine Goupillon a su lui inspirer une passion désordonnée...

THOMAS, à part.

O ciel!

GOUPILLON.

Folle, mon ami, folle à lier... ça a commencé cet hiver, à Paris, et je viens consommer l'œuvre cet été, à la campagne... Avant peu, j'espère avoir le plaisir de vous recevoir dans mon château.

THOMAS, à part.

Anaïs! sa femme!... ah! morbleu! c'est ce que nous verrons!...

GOUPILLON.

Je suis sûr qu'elle s'est endormie en pensant à moi, et pour rêver de moi.

THOMAS, ramassant le volume.

Il me semble qu'elle lisait.

GOUPILLON.

Un roman... elle ne vit que de ça, elle les dévore. — Voyons. — « *Rosella. ou la Pastorella de la Sierra-Morena*, par madame Hortensia Radu... » Ah! c'est de la Radu?... une amie de la maison, une femme de lettres qui les distrait. Je suis étonné de ne pas la voir ici, la Radu... Ah çà! maintenant, il s'agit de les tirer de cette position léthargique... comment diable les réveiller d'une façon pittoresque?

THOMAS.

Mais de quel droit troubler leur sommeil?

GOUPILLON.

A la campagne, toutes les farces sont permises... Si nous leur mettions sous le nez un peu de... paille brûlée?... non, ça ne ferait pas assez d'explosion. — Ah! n'avez-vous pas des pistolets sur vous?...

THOMAS.

Des pistolets de poche.

GOUPILLON.

Donnez-m'en un.

THOMAS.

Pourquoi faire?

GOUPILLON, visant.

Vous allez voir.

THOMAS, voulant le retenir.

Mais prenez donc garde! vous allez les effrayer...

GOUPILLON.

Ah ouiche! à la campagne!... ils vont sauter comme des biches : ça va joliment les amuser.

THOMAS.

Encore une fois...

GOUPILLON.

Une, deux, trois.

(Le coup part. Tout le monde s'éveille en sursaut, en poussant des cris.)

TOUS.

Au secours!... au feu!... au voleur!...

(Désordre général. Goblot seul ne bouge pas. *)

GOUPILLON, riant aux éclats.

Ah! ah! ah! ah!... c'est moi, c'est Goupillon, c'est votre ami intime...

ANAÏS, à part.

C'est lui!

BLANDUREAU.

Que le diable vous emporte!

GOUPILLON.

Merci. — Ah! ah! ah! ah!

MADAME BLANDUREAU.

Je vous ai pris pour une bande d'assassins.

ANAÏS.

J'ai cru que Trenmor tuait le beau poète Sténio.

JACQUART.

Ça m'a fait l'effet d'un coup de cinq et à dame.

MADAME JACQUART.

Et à moi, d'une sonate de M. Hertz.

GOBLOT, s'éveillant.

Qu'est-ce qu'il y a, messieurs? est-ce qu'on a dit quelque chose de drôle? passez-moi le mot.

BLANDUREAU.

Comment, vous n'avez pas entendu?

GOUPILLON, criant.

C'est mon ami qui a éternué.

GOBLOT, à Thomas.

Dieu vous bénisse, monsieur!

GOUPILLON.

Hein!... l'est-il, celui-là!... — Vieux pot!

MADAME BLANDUREAU.

Enfin, vous voilà... vous venez partager nos plaisirs.

BLANDUREAU.

Nos jeux et nos ris.

ANAÏS, soupirant.

Le bonheur des champs.

GOUPILLON.

Oui... il paraît que vous vous amusiez bien.

BLANDUREAU.

C'est pour ça qu'on vient dans son château... Je n'ai pas acheté celui-ci pour des prunes... si on ne s'amusait pas pour cent soixante mille livres, sans compter les frais d'enregistrement...

GOUPILLON.

C'est pour ça que j'arrive... que nous arrivons... car je me suis permis de vous amener monsieur...

MADAME BLANDUREAU.

Un artiste sans doute, ou un journaliste, un feuilletoniste?...

GOUPILLON.

Non, un jeune docteur.

BLANDUREAU.

Est-ce que vous nous croyez malades?...

THOMAS.

Rassurez-vous... je n'ai encore tué personne... je suis reçu d'avant hier... Monsieur Goupillon m'a assuré que sa recommandation...

BLANDUREAU.

Comment donc!... certainement, soyez le bien-venu dans mon château, monsieur... monsieur...

* Goblot, Jacquart, Thomas, Goupillon, Blandureau, madame Blandureau, Anaïs, madame Jacquart.

THOMAS.

Thomas.

BLANDUREAU.

Monsieur Thomas.

ANAÏS, à part.

Quel nom!

GOUPILLON.

Un jeune homme plein d'esprit... qui fait des articles très drôles... dans la *Gazette de Santé*.

THOMAS.

Au reste, je me flatte de n'être pas tout-à-fait inconnu dans cette maison... Mademoiselle...

ANAÏS.

En effet, je me rappelle que j'ai eu le plaisir de voir monsieur...

GOUPILLON.

Ah!... et où?

THOMAS, joyeux.

Vous voulez bien me reconnaître?

ANAÏS.

Au couvent.

BLANDUREAU.

Au couvent?

THOMAS.

Où j'allais voir ma sœur.

GOUPILLON.

Ne croyez-vous pas qu'il a été religieuse?...

BLANDUREAU, sérieusement.

Je ne suis pas assez bête pour ça.

GOBLOT.

On a encore dit quelque chose?...

GOUPILLON, lui criant à l'oreille.

On parle sucre de betterave.

GOBLOT.

Ah! oui, j'avais entendu. (A part.) Je suis sourd comme une pantoufle.

GOUPILLON.

Ah çà! il s'agit de s'en donner... à la vapeur... Voyons, depuis huit jours qu'est-ce que vous avez fait?

BLANDUREAU.

Des choses colossales! Nous avons épuisé tout ce que l'art et la nature avaient de disponible: la chasse dans mes bois, la pêche dans mes étangs; une pêche monstrueuse, monsieur!

JACQUART.

Le premier jour, nous n'avons pas quitté le billard.

BLANDUREAU.

Ils ont mis mon tapis dans un état.... pénible à voir... on ne peut plus s'y permettre une bille!

MADAME BLANDUREAU.

Le lendemain, une promenade champêtre dans les environs.

ANAÏS.

Papa conduisait la calèche, il nous a versés...

BLANDUREAU, vivement.

Ce n'est pas moi!... ce sont mes chevaux, ma fille.

MADAME JACQUART.

Nous avons été surpris par un orage... traversés, abîmés... J'y ai gagné un rhume affreux, et perdu ma robe d'organdy.

JACQUART.

J'ai eu une courbature, et monsieur Goblot un coup de soleil sur le nez.

GOBLOT.

Hein?... quoi?...

GOUPILLON.

On parle astronomie.

GOBLOT.

Ah oui! j'avais entendu... (A part.) Mon Dieu! que je suis donc sourd!

GOUPILLON.

Portez donc une visière verte... c'est excellent pour la vue.

(Tout le monde rit. — Goblot, voyant rire, en fait autant après que les autres ont fini.)

ANAÏS.

Nous avons joué, le troisième jour, à tous les jeux innocents possibles.

BLANDUREAU.

AIR : Il me faudra quitter l'empire.

Voilà l' récit, voilà l' tableau fidèle
Des jours heureux que nous v'nons de passer.
Vous arrivez, et de plus belle
Nous allons tout recommencer.

GOUPILLON.

Ah! vous voulez recommencer?

BLANDUREAU.

De nos plaisirs, je vous l'atteste,
Nous ne somm's pas encore au bout:
Pour vous, mon cher, il en reste, et beaucoup.

GOUPILLON, à part.

Je crois, parbleu bien, qu'il en reste:
Car ils n'en ont pas pris du tout:
Les malheureux n'en ont pas pris du tout.

BLANDUREAU.

Enfin, mon cher Goupillon, nous ne savions plus que faire!

GOUPILLON.

Me voici... je vais ressusciter votre gaîté asphyxiée... ça va rouler.

MADAME BLANDUREAU.

Nous attendons aujourd'hui beaucoup de monde... d'abord madame Hortensia Radu... (à Jacquart.) une femme de lettres extrêmement distinguée, qui fait des romans dans le genre...

JACQUART.

De Paul de Kock?

ANAÏS.

Non, dans le genre intime... J'en lisais un...

THOMAS.

Celui qui vous a endormie?

ANAÏS.

Rosella.

MADAME BLANDUREAU.

Madame Radu est l'auteur de *Fragolina*, *Picoletta*, *Trivella*, *Juanella*, *Parapilla*... Ah! la voilà!

SCÈNE III.

LES MÊMES, Mme RADU.

MADAME RADU, portant un sac très grand et très bourré.— Elle se place au milieu, entre M. et madame Blandureau.

Eh! bonjour, mes toutes belles!.. Bonjour, châtelain!... Messieurs, je vous salue.

BLANDUREAU.

Bonjour, femme de lettres.

MADAME BLANDUREAU.

Enfin, vous voilà donc! Depuis huit jours qu'on vous attend, méchante!

MADAME RADU.

Que voulez-vous, cher cœur! je ne m'appartiens pas, on se m'arrache... vrai, je suis la fée des salons, leur idole, leur fétiche... « Où est Hortensia? s'écrie-t-on dans le beau monde!... Il nous faut Hortensia; qu'on nous donne Hortensia! » J'ai été obligée de me sauver, parole, et je vous apporte mon dernier né... un bel enfant en quatre volumes in-douze, publié chez Timogène Pétard, un jeune éditeur que je pousse. (A Anaïs.) Prenez, chère belle... ça vous fera pleurer... à verse.

(Elle lui donne les quatre volumes.)

ANAÏS.

Quel bonheur!... y a-t-il un jeune homme à cheveux blonds, aux yeux bleus, au cœur enthousiaste?...

MADAME RADU.

Il y en a quatre: et puis, un galérien aux cheveux noirs, à la barbe crêpue, à l'ame forte et trempée comme un busc d'acier... C'est ce que j'ai écrit de plus pur, de plus radieux!... il y a huit assassinats, quatorze suicides et douze viols.

MADAME BLANDUREAU.

Comme vous travaillez, madame!

MADAME RADU.

Je me suis *échignée* cet hiver... Croiriez-vous que j'ai quatre in-octavo sous presse!... rien que ça... et quels titres!... DIEU VOUS BÉNISSE, *Rêves d'un cerveau malade*. — LE NEZ AU VENT, *Contes rouges*. — LES PIEDS A L'EAU, *Roman maritime*. — Et enfin, SUR LES GOUTTIÈRES, *Mémoires d'une Chatte*... Toujours chez Timogène Pétard.

TOUS.

C'est prodigieux!

MADAME RADU.

Ah! dam! je travaille jour et nuit... excepté les heures des repas.

GOUPILLON.

Vous mangez?

MADAME RADU.

Quatre fois par jour.

BLANDUREAU.

Sans compter les intermèdes... La femme de lettres consomme beaucoup.

GOBLOT.

Hein?

GOUPILLON, criant.

On parle chemins de fer.

GOBLOT.

Merci. J'avais entendu!

MADAME RADU.

Ah çà! mes amis, j'arrive; j'ai fait dix lieues par la diligence, et je serais morte en route, si je n'avais eu dans mon sac deux livres de chocolat. — Faites-moi donner quelque chose, une côtelette, un carafon, une aile de poulet, une douzaine de biscuits, ce que vous voudrez, pour attendre le dîner.

MADAME BLANDUREAU.

On va se mettre à table dans une heure.

MADAME RADU.

Sainte madone!... d'ici là, je tomberais d'inanition.

(Madame Blandureau sonne.— Un domestique paraît. Madame Blandureau donne ses ordres tout bas.)

GOUPILLON, à Thomas.

Cette femme tient de l'autruche.

MADAME RADU, se trouvant en face de Thomas.

Ah! grand Dieu!... quoi! c'est vous! mon jeune inconnu! mon héros!...

THOMAS.

Madame, j'ai beau consulter mes souvenirs...

MADAME RADU.

Mais si fait, c'est vous... c'est bien vous, qui m'avez sauvé l'honneur dans un omnibus!

TOUS

Qu'est-ce que c'est?

THOMAS.

En effet... il me semble maintenant reconnaître... mais, en vérité, c'est si peu de chose...

MADAME RADU.

Comment! si peu de chose! mon honneur? (Avec emphase.) Oui, messieurs, oui, mesdames, dans un omnibus, entre la Madelaine et la Porte-Saint-Martin, première station... J'allais descendre de cette voiture monstre, et je tendais mes six sous, rétribution usitée... ne voilà-t-il pas que le conducteur veut m'en faire payer douze!...deux places!...une pour moi, une pour mon sac... le même ici présent... Je me regimbe comme toute femme de vingt-huit à trente ans, à qui on veut faire payer douze sous.... Naturellement, je traite cet homme de gros goujat... Savez-vous ce qu'il me répond, le vil? — Il me répond en propres termes, je ne change rien au texte... il me répond: « Ah! c'te balle! »

TOUS, indignés.

Ah!

MADAME RADU, très sérieusement.

Je ne crois pas avoir des droits à cette apostrophe populaire, fréquemment employée par les Titis des Funambules. A ce blasphème, la moutarde me monte; je lève sur lui mon ombrelle... une ombrelle qu'on m'avait prêtée... verte.. ce gros homme s'apprête à riposter : il me saisit et je ne sais quelles voies de fait allaient pleuvoir sur moi, lorsque monsieur s'élance... (A Thomas.) Ah! que vous fûtes beau en ce moment! huit pieds, jeune homme! — Monsieur, dis-je, s'élance, fait mordre la poussière, c'est-à-dire la crotte à ce rhinocéros de conducteur... il me délivre, me sauve l'honneur et disparaît... (Prenant Thomas à part.) Ah! jeune brave, vous n'osâtes pas, ce jour-là, solliciter le prix du courage; mais aujourd'hui, quelle que soit la récompense demandée, elle est à vous!

THOMAS, vivement.

Allons donc, madame! ne doutez pas de mon désintéressement.

GOUPILLON, à Thomas.

C'est fort bien, mon ami... Cela me rappelle qu'un soir, au clair de la lune, dans la rue Maubuée, j'ai sauvé une frêle femme qui était attaquée par quatre forçats libérés.

ANAÏS, à part.

Qu'il est brave!

(Le domestique apporte un plateau avec des biscuits et un carafon.—Madame Radu mange les biscuits et à chaque biscuit avale un verre de madère.)

MADAME RADU.

Il faut que je me restaure, si vous voulez que je vous lise le premier chapitre d'un autre roman que j'ai commencé... (Elle tire de son sac un énorme cahier de papier.) La scène se passe dans un château, et le séjour que je viens faire dans le vôtre me fournira sans doute une foule d'accidents.

THOMAS.

Elle veut dire d'incidents.

GOUPILLON.

Probablement.

MADAME RADU.

J'aurai d'abord la description de l'immeuble, qui tiendra bien un volume...Autant que j'ai pu voir, votre château est gothique.

BLANDUREAU.

Oui, certainement, car il y avait une chapelle gothique, que j'ai changée en pavillon chinois... Je le crois très ancien, car il y a des tonnelles, des tourelles, des olives.

ANAÏS.

Mon papa, dites donc des ogives.

BLANDUREAU.

Olives, ogives, qué qu'ça fait?... Je ne suis pas obligé de savoir la géométrie... Au surplus, comme je vous le disais, ce château-là doit remonter à François Ier, qui l'aura fait établir pour madame de Pompadour.

GOUPILLON, ricanant.

Ou par Pharamond, qui l'aura fait faire pour la belle Gabrielle.

BLANDUREAU.

C'est encore possible.... J'ai entendu dire qu'il y avait ici jadis des droits *féodals*... Les paysans y étaient... je ne sais plus quelles espèces de bêtes ils étaient... daims ou chevreuils?

THOMAS.

Ne serait-ce pas serfs?

BLANDUREAU.

Oui, parbleu! cerfs...

MADAME RADU, qui a fini de manger, met le reste des biscuits dans son sac.

Me voilà remise... voulez-vous maintenant entendre la lecture de mon premier chapitre?

MADAME BLANDUREAU.

Mais, chère amie, aurons-nous le temps?... Vous savez qu'une demi-heure avant le dîner on sonne la cloche pour que chacun fasse ses petits préparatifs, rajuste sa toilette...

MADAME RADU.

Je n'ai pas d'autre toilette que celle-ci... à la campagne... Écoutez-moi, écoutez-moi!...

(Elle prend un fauteuil et s'assied au milieu du théâtre.)

GOUPILLON.

Allons, il faut l'avaler... (Criant.) Monsieur Goblot, attention!... on va lire.

GOBLOT.

Ah! ah! c'est charmant. (Il s'assied, met ses lunettes, et prête beaucoup d'attention. — A part.) Quel malheur que je sois si sourd!

MADAME RADU, lisant.

« Le château mélancolique dans la vallée des Pyrénées. »

BLANDUREAU, s'asseyant près d'elle.

Ah! ah!... il y a un château?...cela devient intéressant.

MADAME RADU, lisant.

Je vais chanter...

GOUPILLON.

Vous disiez que vous alliez lire.

MADAME RADU.

Monsieur de Goupillon, vous êtes indécrottable.. (Lisant.) « Je vais chanter ces êtres que « l'on flétrit du nom de villageois sous pré- « texte qu'ils habitent des villages; dont les « qualités champêtres se cachent sous la blouse « grossière; dont la tête, souvent pleine de « talents, s'ombrage d'un simple bonnet de « coton; et qui marchent dans le sentier de la « vertu avec de modestes sabots. »

BLANDUREAU.

Comme mes paysans... mes vassals, si j'ose m'exprimer ainsi.

MADAME RADU, lisant.

« Ces hommes naïfs, enfants oubliés de l'âge « d'or, vivaient protégés par l'ombre d'un vieux « château, qui renfermait dans son donjon un « vénérable et adoré seigneur suzerain. »

BLANDUREAU.

Comme moi!

MADAME RADU.

« Ils ne redoutaient point les sons retentis-« sants du beffroi... »

BLANDUREAU.

Qu'est-ce que c'est qu'un beffroi?

ANAÏS.

C'est une cloche, mon papa.

BLANDUREAU.

Pourquoi ne pas appeler les choses par leur nom?... Parbleu... j'ai ici une très jolie cloche...

(En ce moment la cloche du château sonne, tout le monde se lève.)

MADAME BLANDUREAU.

Ah! voici le premier coup!

TOUS, très vite.

AIR du Domino noir.

Entendez-vous?
Ce signal est pour nous.
Puis l'heure du dîner
Qui va bientôt sonner!...
Courons nous préparer;
Il faut bien se parer:
Le bon goût est permis
Aux champs comme à Paris.

(Tout le monde sort précipitamment. Madame Radu reste seule avec M. Goblot, qui semble l'écouter attentivement.)

SCÈNE IV.

Mme RADU, M. GOBLOT.

MADAME RADU, stupéfaite.

Eh bien! ils me flanquent là? Ces gens-là sont indignes de m'entendre. En voilà un, un seul qui me goûte, qui m'apprécie. Vous voyez, monsieur, vous voyez à quelles brutes je m'adressais! je semais des perles devant des... Ah! les matériels!

GOBLOT.

Qu'est-ce que vous dites, madame?

MADAME RADU.

Que vous seul, beau vieillard, êtes au diapason de ma littérature... (Le regardant.) Quelle belle tête il a, cet homme-là!

GOBLOT.

Je n'entends pas un mot de ce que vous dites.

MADAME RADU.

Comment!

GOBLOT.

Parlez plus haut.

MADAME RADU, criant.

Je vous dis que ces imbéciles me quittent parceque la cloche a sonné.

GOBLOT.

La cloche?

MADAME RADU.

Vous ne l'avez pas entendue?

GOBLOT.

Je suis sourd comme un pot à l'eau... Ah! la cloche a sonné?.... Je vous remercie, madame...

(Il se lève et s'en va en courant.)

SCÈNE V.

Mme RADU, seule.

(Entre ses dents.) Manant!... (Comme par réflexion.) Ah! il est sourd.... (Criant.) Manant!.. (Serrant son manuscrit.) La jeune littérature n'est pas faite pour ces paltoquets... Allez donc, boutique, patente, comptoir... et ça a un château!... Ah! fi! ah! pouah! ah! brrr! j'en ai le cœur soulevé comme une soupape... Dieu! si leur cuisine n'était pas bonne!.. mais elle est excellente, elle me captive, et je m'installe ici pour deux mois.

SCÈNE VI.

Mme RADU, ANAIS.

ANAÏS.

Vous êtes seule, madame?... je viens vous trouver, vous faire une confidence... Il n'y a ici que votre ame qui puisse comprendre mon ame.

MADAME RADU.

Oui, puisque vous comprenez mes ouvrages.

ANAÏS.

Il n'y a pas de mal, n'est-ce pas, à aimer comme Lélia aime Sténio, comme Indiana aime...

MADAME RADU.

Oh! chère petite, ne me parlez pas d'Indiana, de Lélia... c'est une littérature qui n'a aucun rapport avec la mienne... c'est un autre genre.

ANAÏS.

Enfin, peut-on aimer comme on aime... dans tous vos chapitres?

MADAME RADU.

Très bien... On dit assez volontiers que l'amour est un enfant trompeur; mais ce refrain est antérieur à la prise de la Bastille.

ANAÏS.

Madame, vous qui peignez si bien le sentiment, vous devez vous y connaître.

MADAME RADU.

Mais, je le crois... j'ai inspiré mainte passion... je connais les orages du cœur comme ma poche.

ANAÏS.

Je crois aussi avoir inspiré une passion...

MADAME RADU.

Vous êtes bien faite pour cela... (A part.) Faisons-lui épancher sa confidence. (Haut.) Eh bien! mon enfant, cette passion?

ANAÏS.

Je crois que je la partage.

MADAME RADU.

C'est rationnel... Et qui croyez-vous aimer?.. un homme beau, n'est-ce pas?

ANAÏS.

Non, madame; il n'est pas précisément beau; mais que d'esprit, d'imagination, de bravoure, de générosité!...

MADAME RADU.

Vous avez découvert en lui toutes ces qualités?

ANAÏS, avec candeur.

Non, madame, c'est lui-même qui en parle, et qui raconte naïvement les beaux traits de sa vie.

MADAME RADU.

Encore mieux! les hommes qui ont la franchise de nous révéler leur propre mérite ont droit à notre confiance; — j'approuve le choix d'un pareil jeune homme... le connais-je?...

ANAÏS.

Je n'ose le nommer: mais vous l'avez vu ici.

MADAME RADU.

Aujourd'hui?

ANAÏS.

Oui, madame.

MADAME RADU.

Et que puis-je faire pour vous obliger, Bichette?

ANAÏS.

Si j'agissais comme dans vos ouvrages, je lui déclarerais moi-même mes sentiments; mais je n'ose pas encore... Madame, engagez-le à demander ma main à mon père... car je sens que, si notre amour mutuel n'est pas couronné, il faudra que je meure!

MADAME RADU.

Que vous mouriez, chère petite!... si jeune!

ANAÏS.

Comme Isabella, dans votre avant-dernier roman, qui s'asphyxie pour don César...

MADAME RADU.

D'Avalos...Vous êtes digne de lire mes ouvrages... Je parlerai à votre papa... ne vous asphyxiez pas que je ne vous aie rendu réponse!...

ANAÏS.

Dépêchez-vous, madame... car la vie sans lui, c'est le désert sans végétation, c'est la tombe muette, c'est le néant!

MADAME RADU.

Voilà une phrase des plus gentilles... je vais l'écrire, de peur de l'oublier... (Elle va à la table.) Elle se dressera au milieu d'une page comme un jeune peuplier.

SCÈNE VII.

LES MÊMES, BLANDUREAU.

BLANDUREAU, entrant.

Ma fille, ta belle-mère te demande à cor et à cris... il nous arrive du monde, il faut que tu ailles lui aider à faire les honneurs de mon château.

ANAÏS.

J'y vais, mon père...

(Elle sort.)

MADAME RADU.

Monsieur Blandureau, j'ai à vous parler mystérieusement.

BLANDUREAU.

Pardon: pas pour le moment. On vient de m'annoncer une députation de mon village... il faut avant tout que je la reçoive; c'est le devoir d'un seigneur de château.

MADAME RADU, à part.

Allons! bon! ça va retarder le dîner... je tombe de faiblesse... ô Dieu! je donnerais quatre volumes pour un potage!

(Elle sort.)

SCÈNE VIII.

BLANDUREAU, ensuite GOUPILLON.

BLANDUREAU.

Une députation!... décidément me voilà dans les honneurs!...

(Il fredonne.)

Venez dans mon château.

GOUPILLON, à part.

Il est en gaîté, il prend ses ébats... c'est le moment de parler. (Haut.) Eh bien! papa Blandureau... vous me paraissez radieux.

BLANDUREAU.

Ah! vous voilà, farceur... eh! bien! allez-vous nous amuser comme il faut?...

GOUPILLON.

C'est mon intention... mais je voudrais vous parler d'une affaire...

BLANDUREAU.

Oh! point d'affaires sérieuses. Nous sommes ici pour manger, rire, boire, chanter, faire la vie de château.

GOUPILLON.

Oui, sans doute; mais j'ai formé le projet de vous entr'ouvrir mon cœur.

BLANDUREAU.

Est-ce que vous avez un cœur?... vous ne devez avoir que de l'esprit.

GOUPILLON.

Ce n'est pas ça qui me manque: mais les plus violents farceurs ont leurs moments tendres, leurs rêves de ménage, leurs aspirations de pot-au-feu... et depuis peu, un sentiment délicieux s'est glissé dans mes fibres, père Blandureau.

BLANDUREAU.

Point de sentiment, des farces!

GOUPILLON.

Vous en aurez aussi... j'ai amené pour cela un sujet précieux, mirobolant!... le petit Thomas.

SCÈNE IX.

Les Mêmes, THOMAS.

THOMAS, s'arrêtant au fond.

Tiens! on parle de moi!

BLANDUREAU.

Bon! est-ce que ce jeune homme est comme vous un mystificateur?

GOUPILLON.

Au contraire : c'est un parfait jobard.

THOMAS, à part.

Qu'est-ce qu'il dit donc?

GOUPILLON.

Il nous fallait une victime, un plastron, un endosseur... j'ai choisi ce petit-là, je vous l'amène, et nous allons lui jouer des tours... fabuleux.

BLANDUREAU.

Bien!... très bien!

THOMAS, à part.

Ah! ah! monsieur Goupillon!...

GOUPILLON.

Vous verrez... nous rirons comme vingt-six mille hommes...

SCÈNE X.

Les Mêmes, LE DOMESTIQUE.

LE DOMESTIQUE.

Monsieur, les gens du village sont dans la cour du château, et demandent à vous parler.

BLANDUREAU.

Bravo! — Faites entrer le village. — Je ne suis pas fier... Qu'ils essuyent leurs pieds (A part.) Ils viennent me rendre hommage, ils me traitent en seigneur... (Le domestique reparait.) Prévenez ma femme et toute la société. (A part.) Je suis bien aise qu'ils voyent cela. Quel relief ça va me donner! la visite de mes *vassals*, de mes *cerfs*!.. c'est tout-à-fait la vie de château.

SCÈNE XI.

Les Mêmes, toute la Société, JUQUIN, PICHOUX, NICOLE, PIERRETTE, Paysans et Paysannes.

(Les paysans occupent la gauche; la société se groupe au fond, à droite.)

CHOEUR.

Air d'une Mazourka.

Nous v'nons rendre hommage
A m'sieur Blandureau.
Demain c'est l' village
Qui r'cevra l' château.
Nous v'nons vous offrir
Bonne amitié, bon voisinage;
Pour tout le village
C'est un devoir, c'est un plaisir.

BLANDUREAU.

Bien, bien, mes amis! (A part.) Ils vont m'appeler monseigneur, comme à l'Opéra-Comique.

JUQUIN.

Monsieur!... bonjour, monsieur... je sommes bien aise que le chaquiau ait été acheté par un bon enfant, par un homme qui ne soit pas pus gros seigneur que nous.

BLANDUREAU, à part.

Hein?

JUQUIN.

L'on nous a dit que vous équiez tout bonnement un marchand qui s'a enrichi dans son commerce, que vous vendiez des fanferluches, des chiffons de femme, des bonnets ronds..

BLANDUREAU.

Comment?

JUQUIN.

Ça ne fait rien, tant mieux, vous ne ferez pas comme l'autre, qui nous traitait du haut de sa grandeur. Donnez-nous une poignée de main... j' sommes Pierre Juquin, tisserand et maître d'école : lui, c'est Pichoux, charron et marchand de vin... c'est nous deux qu'avons le pus d'esprit du pays, v'là pourquoi j'ons pris la parole. — A ton tour, Pichoux.

PICHOUX.

Monsieur, je vous salue... touchez là... vous êtes un brave homme!... vous êtes un brave homme... (Il lui tape sur le ventre.) Je venons au nom de toute la commune, vous demander si vous voulez que je vous nommions maire.

BLANDUREAU, à part.

Ah! voilà les honneurs qui m'arrivent.... (Haut.) Très volontiers, mes amis... je suis très sensible à cette marque de distinction... j'accepte beaucoup.

TOUS.

Vive monsieur le maire!

(La société s'approche.)

JUQUIN.

C'est que l'autre, voyez-vous, est *defunctus*... c'était un paysan comme nous, qu'était gueux comme un rat d'église, et qui ne pouvait pas faire grand bien à la commune.

BLANDUREAU.

J'en ferai, moi.

PICHOUX.

Bon! — D'abord, faudra faire une fontaine au milieu de la place, vis-à-vis ma boutique de marchand de vin.

JUQUIN.

Les chemins de traverse sont en mauvais état, faudra les faire ferrer.

BLANDUREAU, à part.

Diable!

PICHOUX.

Il y a un coin de vot' parc qu'a été pris sur les terrains communaux, faudra nous le rendre.

BLANDUREAU, à part.

Diantre!

JUQUIN.

L'école tombe en ruines... j'espérons que vous la rebâtirez, et que vous ferez une rente pour entretenir l'instituteur primaire, que c'est moi qui l'est, et que j'apprends aux garçons à lire, écrire et l'ostographe.

BLANDUREAU.

Malpeste!...

JUQUIN.

Ah dame! ils ne sont point bons dans l'endroit!... Si vous voulais qu'ils ne vous fassions point de niches, faut frayer avec eux en bon paroissien.

BLANDUREAU.

C'est fort bien.

PICHOUX.

Ah çà! monsieur le maire, v'là qu'est dit... C'est dans huit jours fête au village, j'avons une rosière, et j'espérons ben que vous y baillerez une dot, comme faisait l'ancien seigneur avant la révolution.

BLANDUREAU.

Certainement.

JUQUIN.

C'est un droit que vous avez, et vous donnerez la dot tant grosse qu'il vous plaira ; mais rien en retour, au moins... hein!... vous savez, autrefois...

(Il lui parle à l'oreille, Blandureau recule.)

BLANDUREAU.

Bien!... bien!... (A part.) Ce vieux paysan abuse de l'échalotte!

JUQUIN.

AIR du vaudeville du Petit Bossu.

Jadis qu'étiont les paysans?
Serfs, vassaux, vilains et manants :
Près du château
Ils battiont l'eau,
Afin que la grenouille
Ne coass' ni ne grouille ;
Ils s' faisiont un honneur
D' payer l' droit du seigneur
D'puis la Charte
Et d'puis Bonaparte,
C'est changé,
C'est mieux arrangé :
D' bestiaux la plaine
Est encor pleine ;
Mais j' gardons
Pour nous nos moutons

A c't' heure, on sait lire, grace au ciel,
Et grace à l'enseign'ment mutuel,
Le labourcur
Est électeur ;
Il est mêm' susceptible
D' passer éligible ;
Il peut d' gard' national
Parvenir général !...
D'puis la Charte
Et d'puis Bonaparte,
L's agneaux trop doux
Sont devenus loups :
On n' tond plus sans gêne
Not' laine ;
J'étions moutons,
A c't' heur' j'en mangeons.

PICHOUX.

Je vous invitons avec toute votre société à venir à la danse.

BLANDUREAU.

Qu'en dites-vous, mesdames?

MADAME BLANDUREAU.

Mais... ce sera fort amusant.

MADAME RADU.

Ce sera champêtre... ce sera florianesque... nous y folichonnerons...

GOUPILLON.

Nous ferons sauter les paysannes... morgueune! tatigué! jarnigoi! jarnicoton!.. vie de château!

JUQUIN.

Qu'est-ce que c'est que ça, jarnicoton?...

PICHOUX, bas à Juquin.

C'est un Anglais.

BLANDUREAU.

Nous acceptons.

JUQUIN.

Et vous faites bien! car si vous aviez été fier, je serions venus faire un charivari sous vos fenêtres, et casser vos carreaux.

BLANDUREAU, à part.

Corbleu!... ce village est méchant!

MADAME RADU.

O innocence du hameau!

PICHOUX, amenant Nicole.

V'là Nicole, la fille à Jean Robert, le bourrelier.

NICOLE.

Bonjour, m'sieur.

(Elle fait la révérence)

JUQUIN.

V'là Pierrette, la nièce du curé.

PIERRETTE, de même.

Vot' servante, m'sieu.

BLANDUREAU, à part.

Monsieur! monsieur!... ils ne peuvent donc pas dire monseigneur!... Que diable! il me semble que pour cent soixante mille livres, sans compter les droits d'enregistrement...

JUQUIN.

A c't' heure, j'allons vous présenter la rosière, et vous aurez le droit de l'embrasser. — Pichoux, fais donc entrer Toinon Labiche.

PICHOUX.

Je vas la qu'rir.

(Il sort.)

GOUPILLON.

Nous allons voir la charmante rosière... Je demande la permission de lui offrir... mon baiser...

JUQUIN.

Pauvre fille!... elle a attendu bien long-temps!... elle avait été nommée par l'ancien seigneur, il y a trente-trois ans.

BLANDUREAU, étonné.

Plaît-il?

PICHOUX.

La voici... vous allez la couronner.

SCÈNE XII.

LES PRÉCÉDENTS, TOINON LABICHE.

(Pichoux amène la rosière qui a cinquante ans.)

CHOEUR.

AIR de la Rosière de Verneuil.

Voici notre aimable rosière;
Nous la gardons depuis long-temps:
D'une rose on doit être fière,
Quand on la cueille à cinquante ans.

BLANDUREAU.

C'est très bien, ma belle enfant! (A part.) Sapristi! quel vieux monument!...

LA ROSIÈRE.

AIR de la Rosière de Salenci.

Quel beau jour se dispose!
Qu'il promet de douceur! (*bis.*)
Je recevrai la rose
Des mains de monseigneur.

BLANDUREAU, transporté.

Monseigneur!... elle l'a dit!... en voilà un!.. Ah! dans ma joie...

(Il embrasse la rosière.)

JUQUIN, bas en la poussant.

Tu l'appelles monseigneur, toi!.. est-ce qu'il y a des seigneurs à c't'heure?.. c'est notre égal... (Haut.) Faut pas l'y en vouloir, *monsieur*... c'est une vieille... elle est antérieure à la charte... (Poussant encore la rosière.) Va donc, féodale!

MADAME RADU, à la rosière qui pleure.

Va jouer sous la coudrette avec tes jeunes compagnes.

PICHOUX.

Ah çà! c'est pas le tout!... puisque nous v'là ici, vous allez nous faire rafraîchir... faut nous faire goûter de vot' vin.

BLANDUREAU, à part.

Ils sont sans gêne!

PICHOUX.

J' veux voir s'il est meilleur que celui que je fais... (se reprenant.) que je vends.

BLANDUREAU.

Labrie!... faites monter un tonneau!... Et nous, messieurs et dames, allons jouir du spectacle de la joie, de l'ivresse de ces bonnes gens.— Tâchez de ne pas vous griser.

PICHOUX.

Ah! de ça, je ne répondons de rien.

BLANDUREAU.

Ça sera plus drôle!... Voilà la vie de château!

FINAL.

AIR de la Nouvelle Cachucha (d'Hormille).

ENSEMBLE

LES PERSONNES DU CHATEAU.

Allons, soyons témoins de l'allégresse
Et des transports des enfants du hameau.
On les invite, et chacun d'eux s'empresse
De faire honneur à monsieur Blandureau.

LES PAYSANS.

Quand il s'agit de bon vin et d'ivresse,
Vous allez voir les enfants du hameau.
Allons, l's amis, que chacun d' nous s'empresse
De faire honneur à monsieur Blandureau.

BLANDUREAU.

Pour fêter gaîment ma présence,
Épuisez le vin du tonneau...
Mais sur-tout de l'eau!... l'abondance
Doit toujours régner au château.

TOUTE LA SOCIÉTÉ.

Allons, soyons témoins de l'allégresse, etc.

LES PAYSANS.

Quand il s'agit de bon vin et d'ivresse, etc.

(Les paysans sortent en dansant: la société les regarde et s'apprête à les suivre.—M. Goblot reste endormi dans son fauteuil.)

ACTE SECOND.

Le théâtre est partagé en deux. A gauche des spectateurs, une chambre qui occupe les deux tiers de la scène; au fond de cette chambre, à gauche, un lit; du même côté, au premier plan, une croisée. Au fond, au pied du lit, une petite porte dans le panneau. Vis-à-vis la croisée, à droite, une porte donnant sur le corridor. A la tête du lit, une planche très élevée, sur laquelle est un pot à l'eau. Une valise à terre et quelques chaises. — A droite, un corridor qui tourne au fond. La chambre communique au corridor par une porte. Dans ce corridor, plusieurs autres portes : la première et la seconde, à droite, celles des chambres d'Anaïs et de madame Blandureau; la deuxième, à gauche, celle de M. Blandureau; la troisième, celle de M. et madame Jacquart — Il est nuit. Une bougie dans la chambre sur un guéridon; une lanterne dans le corridor.

SCÈNE I.

THOMAS, seul, assis dans la chambre. — Avec agitation.

Le fat!... le sot!... l'imbécille!... Eh bien! cela produit de l'effet sur des gens encore plus bêtes... aussi je n'ai pu y tenir... Ce qui m'irritait le plus, c'était la crédulité de cette jeune fille, qu'il a étourdie et qui admirait toutes ses paroles... Ce sont les romans, les romans de cette madame Radu qui lui ont gâté l'esprit... Ah! monsieur Marie-Madelaine Goupillon, vous m'avez amené ici pour me mystifier... nous verrons, morbleu! nous verrons!... — C'est que la partie est sérieusement engagée : car il ne recule pas devant les moyens les plus audacieux, les plus coupables! (tirant un billet de sa poche.) cette lettre... cette lettre, qu'il a osé lui écrire, et qu'il lui glissait sous la table, pendant le dîner! Heureusement, j'ai tout vu, ou plutôt tout deviné! et ma main, devançant adroitement celle d'Anaïs, a reçu le billet, sans qu'aucun d'eux soupçonnât le fait. — Le misérable! j'ai peine à croire à tant d'impertinence!...

(Lisant.)

« O mademoiselle, celui qui est votre père « a l'air moins favorable que jamais aux projets « d'hyménée qui me dévorent. Si vous m'aimez, « ô Anaïs, il faut frapper un très grand coup, et « en voici le programme : —Ce soir, quand tout « dormira sur le globe, excepté l'amour et les « chats, franchissez le seuil de votre porte; la « mienne a le bonheur d'être en face... et je vous « recevrai à deux genoux. Vous serez respectée, « je vous le jure sur la tête de nos enfants : mais « vous serez, ce qu'on appelle, compromise, et « celui qui est votre père sera forcé de consentir volontairement à tout. — La clé sera sur « ma porte. »

(Il froisse la lettre.

Et il croit que cette lettre est entre les mains d'Anaïs, qu'elle l'écoutera, qu'elle viendra! Voilà comme il abuse de l'hospitalité qu'on lui donne, des facilités que lui fournit cette vie de château qui rassemble et rapproche tout le monde! Dieu merci, j'ai intercepté le courrier... et... (Écoutant.) Mais on monte, on entre dans le grand corridor!... Ah! c'est l'heure de la retraite.

SCÈNE II.

THOMAS, dans la chambre; M. et Mme BLANDUREAU, ANAIS, GOUPILLON, GOBLOT, M. et Mme JACQUART; UN DOMESTIQUE et UNE FEMME DE CHAMBRE, dans le corridor.

(Toute la société arrive du fond. Chacun tient un flambeau ou un bougeoir.)

BLANDUREAU.

Venez, venez tous... je vais vous guider dans les détours de mon château.

CHŒUR.

Air du Couvre-Feu

Allons, au revoir,
Car voici le soir;
Le repos, amis, nous appelle.
Que dans ce séjour,
Un rêve fidèle
Nous rende tous les plaisirs du jour.

BLANDUREAU.

Si votre oreille entend des pas errants,
Ne tremblez pas, calmez votre épouvante :
Dans mon château jamais de revenants;
Je n'en veux pas... c'est dans l'acte de vente!

CHŒUR.

Allons, au revoir,
Car voici le soir, etc...

BLANDUREAU.

Allons, chers hôtes, dormez bien.

MADAME JACQUART, sur le devant.

Il ne faut pas recommander cela à monsieur Jacquart.

JACQUART.

Qu'est-ce à dire?

(Ils s'éloignent.)

MADAME RADU, s'avançant.

Peut-on dormir la nuit?... c'est l'heure des inspirations ébouriffantes... des pensées glapissantes et échevelées... je suis sûre d'écrire deux chapitres brûlants.

BLANDUREAU, vivement.

Prenez garde de mettre le feu!... (A part.) Cent soixante mille livres, sans compter les frais d'enregistrement...

MADAME BLANDUREAU, sur le devant.

Ah çà! mesdames, à demain, de bonne heure...

BLANDUREAU, revenant sur le devant.

A-t-on mis dans les chambres tout ce qui est utile et confortable?... Je veux que l'on soit dans mon château comme dans un hôtel garni... Si quelqu'un est indisposé, j'ai une petite pharmacie.

M. GOBLOT, arrivant sur le devant avec M. Jacquart.

M. Jacquart, n'oubliez pas de me réveiller. — Quand je dors, c'est singulier, je n'entendrais pas le canon.

JACQUART, criant.

En ce cas, laissez la clé à votre porte.

(Ils s'éloignent.)

BLANDUREAU.

Allons, allons, chacun chez soi.

ANAÏS, approchant de son père.

Bonsoir, papa.

BLANDUREAU, la baisant sur le front.

Reçois le baiser paternel.

GOUPILLON, près de sa porte.

Dans ce moment, je voudrais être celui qui est son père.

MADAME RADU, derrière lui.

Voulez-vous vous taire, grand raffiné!...

ANAÏS, allant vers sa mère.

Bonsoir, belle-maman.

MADAME BLANDUREAU, sur le devant.

Ne lis pas comme tu fais tous les soirs... tu t'abîmes les yeux!

ANAÏS.

Ce n'est pas la lecture, c'est le sentiment!... Les ouvrages de madame Radu sont si mélancoliques!...

MADAME RADU.

Oui, je crois que mon ame s'y peint. — A-t'on placé dans ma chambre quelques cerises à l'eau-de-vie?

BLANDUREAU

Et des éteignoirs!...

GOUPILLON.

Bonsoir, monsieur Goblot.

GOBLOT, croyant qu'il a dit une plaisanterie.

Ha! ha! ha!... c'est fort drôle, j'en rirai long-temps.

GOUPILLON, riant.

Ah!... vieux crétin! vieux Gaspard Hauzer, va!

GOBLOT, cherchant la porte de sa chambre.

Je suis si sourd, que j'ai oublié le numéro de ma chambre.

(Reprise du chœur. — Tout le monde rentre. — Goupillon dans la chambre où est déjà Thomas. Goblot va de porte en porte, et chaque fois qu'il s'y présente, on la lui ferme au nez; il disparaît, par le fond.)

SCÈNE III.

GOUPILLON, THOMAS.

(A l'entrée de Goupillon, Thomas s'est retiré au fond et l'examine.)

GOUPILLON.

Me voilà seul, enfin! — Viendra-t-elle? ne viendra-t-elle pas? Ah! quelqu'un qui... (Apercevant Thomas.) Tiens! vous voilà dans ma chambre, vous?

THOMAS.

C'est-à-dire, dans notre chambre.

GOUPILLON.

Comment!... notre chambre? — Que signifie ce pluriel?

THOMAS.

Qu'il n'y avait pas assez de chambres pour tout le monde, et qu'on nous place tous deux dans celle-ci.

GOUPILLON.

Ah! mais, non... non, non, non, non!... Cher ami, j'adore votre conversation: mais, la nuit, j'aime à être seul... seul d'homme... et vous me ferez l'amitié d'aller vous coucher autre part ou ailleurs, à votre choix.

THOMAS.

Du tout, cher ami... J'ai une raison pour rester ici, et pour y rester seul.

GOUPILLON.

Bah!... quelque intrigue? quelque rendez-vous?

THOMAS.

Eh bien! oui. — Laissez-moi le champ libre.

GOUPILLON.

Mais, c'est que, moi aussi, moi aussi, j'en ai un, de rendez-vous, — un rendez-vous énorme!

THOMAS, à part.

Il l'attend!... il emploiera tout pour la perdre! c'est ce que je voulais savoir... Maintenant... (Haut.) Eh bien, tenez, je suis bon enfant, je vous cède la place... j'ai jeté les yeux sur un petit pavillon au bout du jardin; il y a un divan qui me servira de lit.

GOUPILLON.

Ah! bravo! — vivat! — hourra!

THOMAS, à part.

Il ne se doute pas que j'y ai déjà transporté, pour mon usage, tout ce qui se trouvait de commode dans cette chambre — (riant.) mais je lui laisse autre chose. — (Haut.) Restez à votre rendez-vous, je vais au mien.

GOUPILLON.

Vous êtes un délicieux petit jeune homme. (A part.) Quel ravissant jobard!... il est à prendre à l'heure.

THOMAS, à part.

Sois tranquille, je ne te perdrai pas de vue. Je ferai de temps en temps une petite ronde de surveillance dans le corridor... (Haut.) Bonne nuit, et bonne chance.

(Il sort de la chambre.)

COUPILLON.

A la vôtre!...

THOMAS, dans le corridor.

Ah!... par précaution, fermons la porte à double tour.

(Il la ferme sans bruit. L'un est dans la chambre, l'autre dans le corridor.)

ENSEMBLE.

AIR d'une valse de Strauss.

Séparons-nous :
Du rendez-vous
L'instant si doux
Viendra pour nous.
Que cette nuit
Passe sans bruit :
Au point du jour
Fuira l'amour.

(Thomas sort.)

SCÈNE IV.

GOUPILLON, seul, dans sa chambre.

Me revoilà seul, enfin! et Anaïs va venir! Ah! cette seule idée, ce seul espoir, me fait nager dans un océan... d'eau sucrée!...

AIR du Petit Chapeau.

Sous son petit chapeau,
Le grand homme, à la guerre,
Fut moins ému, naguère,
Que moi dans ce château.
Vais-je, ô belle Anaïs, conquérir ta personne,
Et de fleurs d'oranger te tresser la couronne
Qui de l'hymen est le petit chapeau?...
Que de bonheur sous ce petit chapeau!

Je pense qu'à tout hasard, il faut me mettre dans un négligé galant... et fashionable. (Il ouvre une valise.) Le bonnet Henri III... la robe de chambre Louis XIII... et enfin, les pantoufles turques... Je serai historique et oriental, ça la flattera doublement... Débottons-nous...

(Chantant et cherchant le tire-bottes.)

Le postillon de m'ame Ablou,
Trou, trau, trou, trou...

Eh bien! où est donc le tire-bottes?... on ne m'a pas mis de tire-bottes!.. V'là un château bien monté. — Ah! ce château! — Je ne peux pas mettre mes pantoufles turques à présent.— ça me décomplète. (Se résignant.) Enfin... Tiens! j'ai soif... c'est le fils de Vénus qui m'altère... et puis il était bien salé... le saumon qu'on a mangé à souper... Je vais boire un verre d'eau.

(Chantant et cherchant le pot à l'eau.)

Avez-vous vu dans Barcelonne
Une Andalouse au teint... pruneau?...
C'est ma lionne, ma tigresse...
Où diable a-t-on mis l' pot à l'eau?

Allons!... pas de pot à l'eau, maintenant!... aucune espèce de... Ah çà! les besoins de l'homme sont donc supprimés, dans cette châtellenie?... ah! ma foi, je vais sonner les domestiques, carillonner, réveiller tout le monde... je m'en fiche! (Il tire le cordon de la sonnette, qui fait pencher un vase posé sur la planche et dont l'eau lui tombe sur la tête.— Criant :) Ah! ah! ah! est-ce qu'il pleut?.. j'en ai plein ma cravate.— Tiens! ils avaient niché le pot à l'eau sur cette planche.— Comment faire pour l'avoir?... ah! en grimpant sur le lit... m'y voilà. (Il y monte.— Le lit, dont on a enlevé les vis, s'écroule avec fracas, Goupillon reste étendu *.) Si ce sont des farces, je les trouve bien plates... que c'est commun! que c'est épicier! (Criant.) Qui est-ce qui s'est donc permis?... Mais chut!... on est peut-être aux écoutes, et je serais perdu de fond en comble.. Avalons le calice, et ne disons rien... Ah! mon Dieu! v'là mon bout qui finit!... et pas de veilleuse!... si j'allais chipper la lanterne du corridor?... tiens! parbleu!... j'en ai le droit. (Il veut ouvrir la porte.) Bon! je suis enfermé à double tour!... ah! mais, ah! mais, j'ai donc un ennemi... caché ici?— Est-ce que ça va durer toute la nuit, ces sortes de jeux? —J'en ai de trop, j'en ai même assez... je ne reste pas ici... sortons... sortons par la fenêtre. (Ici, éclate un orage; pluie, tonnerre, éclairs.) Bravo!... il ne manquait plus que ça... (Se décidant.) Bah! c'est égal... (Il ouvre la fenêtre.) j'irai demander un abri à la cuisine... (Il va pour descendre.) le sol n'est pas loin... (On entend sous la fenêtre les aboiements d'un gros chien.—Goupillon referme vivement la fenêtre et revient s'asseoir tranquillement.) Quand je lui confierai mes mollets, à celui-là, la température sera diablement élevée... (Se levant tout-à-coup.) Ah çà! voyons donc, je vais passer une nuit propre, dans cet animal de château!... dans ce château d'animal... (Se calmant.) Bah! il est plus tôt fait de se résigner... je vas me livrer à ces vestiges de lit... (Il s'y jette et fredonne des refrains différents, qui se succèdent sans transition.— Il finit par s'endormir en disant :) Et pas de tire-bottes!

SCÈNE V.

GOUPILLON, dans sa chambre; ANAIS, à demi déshabillée, sortant de la sienne, un bougeoir à la main.

ANAÏS, effrayée.

Mon Dieu! quel orage!... je meurs de peur... justement, je lisais un chapitre de madame Radu, celui où Atalinde de Montsorreau, seule, au milieu de la nuit, voit briller dans

* S'adresser pour le mécanisme du lit, à M. Pierre Cuthier, machiniste du théatre des Variétés.

l'ombre l'œil fatal de l'inconnu blond! (Frémissant.) Oh! je ne puis demeurer seule... je vais me réfugier près de ma belle-mère... car mes nerfs se briseraient comme les cordes d'une harpe... (Elle frappe à la porte de madame Blandureau.) Belle-maman!... belle-maman!...

MADAME BLANDUREAU, en dehors.

Qui est là? est-ce vous, monsieur Blandureau?... pourquoi venir me déranger?... laissez-moi tranquille.

ANAÏS.

Belle-maman, c'est moi... Anaïs...

MADAME BLANDUREAU, ouvrant.

C'est toi, mon enfant!... qu'as-tu donc?

ANAÏS.

J'ai peur.

MADAME BLANDUREAU.

De quoi as-tu peur?

ANAÏS.

Est-ce que vous n'entendez pas le tonnerre?

MADAME BLANDUREAU.

Que tu es poltronne!... allons, viens te rassurer près de moi.

(Elles entrent chez madame Blandureau. — L'orage se calme peu-à-peu.)

SCÈNE VI.

GOUPILLON, dans sa chambre; Mme RADU, en jupon blanc, camisole blanche, coiffée d'un foulard, paraissant au fond du corridor avec son bougeoir. — Elle a son sac à la main.)

MADAME RADU.

La femme de lettres est particulièrement dévouée à l'insomnie... avec cette tenue blanche et cette lumière, je dois faire l'effet de *Lady Macbète*, ou de *La Somnambule* du Gymnase... mais quand une servante a l'impudeur d'oublier ce qui est le plus nécessaire à la femme de lettres... une écritoire!... il faut bien que j'aille en emprunter une à quelque voisin... le jeune homme de l'omnibus m'a jeté plusieurs regards... il m'a envisagée avec des yeux qui disaient: « Femme de lettres, je te prêterais bien mon écritoire... » Allons-y, à tout hasard... Je crois avoir remarqué que sa porte est par ici... je ne suppose pas me tromper... en voici une sur laquelle on a laissé la clé... c'est peut-être une attention délicate... frappons d'un doigt léger.

(Elle frappe à la porte de Goupillon.)

GOUPILLON, s'éveillant.

Hein! on a frappé à ma porte!... serait-ce elle? (Doucement.) Qui est-là?...

MADAME RADU, d'une voix douce.

Mon voisin, c'est moi qui voudrais vous demander quelque chose, si toutefois vous n'êtes pas couché?

GOUPILLON, de même.

Je ne suis nullement couché, il y a des obstacles majeurs... (A part.) Pauvre petite!... je reconnais son organe.

MADAME RADU.

Ouvrez seulement votre porte.

GOUPILLON.

Au contraire, veuillez l'ouvrir vous-même... j'ai eu la maladresse de m'enfermer à double tour.

MADAME RADU.

Comment avez-vous fait? la clé est en dehors... je ne sais si je dois... (Se décidant.) Bah!... je me risque... (Elle ouvre la porte.) Cette fois j'ôte la clé, et je la mets en dedans.

GOUPILLON, surpris.

Dieu!... la femme de lettres!

MADAME RADU, surprise, tombant sur une chaise en face de lui.

Ciel!... le grand farceur!...

GOUPILLON.

Ce n'est pas vous que j'attendais, madame Radu.

MADAME RADU.

Ce n'est pas vous que je cherchais, monsieur Goupillon.

GOUPILLON.

Vous cherchiez donc quelqu'un, madame Radu?

MADAME RADU.

Vous attendiez donc une personne, monsieur Goupillon?

GOUPILLON.

Suspendons ce dialogue de juge d'instruction.

MADAME RADU, se levant.

Ne calomniez point ma démarche... cet orage m'avait exaltée, je voulais le décrire à la lueur des éclairs... n'ayant point trouvé chez moi ce qu'on nomme vulgairement une plume et de l'encre, je suis sortie pour en emprunter, et le hasard m'a conduite chez vous.

GOUPILLON, avec galanterie.

Je n'ai ni plumes, ni encre... ni pot à l'eau, ni tire-bottes: mais j'ai une mémoire prestigieuse, et si vous voulez transvaser dans ma tête ce que contient la vôtre, demain je vous le restituerai fidèlement.

MADAME RADU.

Ce serait bien long.

GOUPILLON.

Cet épisode m'aidera à passer une nuit moins fastidieuse. — Voyez l'état de marasme dans lequel ils ont mis mon domicile!... impossible de reposer mon front.

MADAME RADU.

C'est un pillage... voyons, jeune homme, je vous prends en pitié, je consens à vous tenir compagnie, en tout bien, tout honneur... Et tenez... il me vient une idée aimable et désopilante... je vais vous lire mon chapitre de *Rachel la Blonde*, passant la nuit sous la tente d'un Bédouin... nos deux situations sont connexes.

GOUPILLON.

Vous me comparez à un Bédouin?

MADAME RADU.

Je crains que vous n'en ayez la témérité..... jeune truand...

GOUPILLON.

Asseyez-vous donc, Scudéri nocturne.

(Il lui avance une chaise.)

MADAME RADU, la reculant.

Oh! pas si près!... Fichtre! tenez-vous à une distance vertueuse. (Elle fouille dans son sac.) J'ai là mon manuscrit.

(En le retirant, elle laisse tomber un ruban de ceinture et un mouchoir.)

GOUPILLON, les ramassant.

Tiens, un ruban de ceinture...

(Il le pose sur une chaise.)

MADAME RADU.

C'est un cadeau de cette bonne petite Anaïs.

GOUPILLON.

Et un joli petit mouchoir... brodé, ma foi!... et qui sent bon!... un chiffre en cheveux!...

MADAME RADU.

Ah! ce n'est pas à moi... c'est à Anaïs; il sera tombé dans mon sac.

GOUPILLON, à part.

Un mouchoir, à elle!... qui a peut-être touché ses lèvres!... oh! Dieu! oh! Dieu!... que sens-je!.. il se passe des farces dans mes veines.

MADAME RADU.

Eh bien! ce mouchoir?...

GOUPILLON.

Je le garde... je le lui rendrai de votre part, c'est convenu... (Il pousse un cri.) Ah! diable!...

MADAME RADU.

Quoi donc? une crampe? un cor?...

GOUPILLON; il a mis le mouchoir sur la même chaise que la ceinture.

Non... J'entends du bruit dans le corridor... on approche, chut!

(Ils écoutent.)

SCÈNE VII.

LES MÊMES, dans la chambre; THOMAS, dans le corridor.

THOMAS.

Je ne puis tenir en place, l'inquiétude me poursuit... (S'arrêtant.) Ah!... il me semble que j'entends du bruit dans sa chambre! — (Il regarde par le trou de la serrure.) J'y vois quelqu'un. — Une femme! une femme! — Et ce n'est pas Anaïs!... — Ne perdons pas un moment! faisons-les surprendre par le père.... Ah! mon gaillard, je te tiens! Et pour le coup, tu n'épouseras pas Anaïs! (Il va à la porte de Blandureau, appelant à voix basse, et frappant en même temps.) Monsieur Blandureau!... monsieur Blandureau!...

(Goupillon n'entendant plus rien, entr'ouvre sa porte pour faire sortir madame Radu; mais apercevant Thomas, il la referme vivement.)

SCÈNE VIII.

LES MÊMES, BLANDUREAU.

BLANDUREAU, dans sa chambre.

Qui va là?

THOMAS.

Dormez-vous?

BLANDUREAU.

Jamais que d'un œil, monsieur.

(Il paraît.)

THOMAS.

Pardon de vous déranger... mais quelqu'un est indisposé.

BLANDUREAU.

Bah!... Qui est-ce qui se trouve mal?...

THOMAS.

C'est monsieur Goupillon qui étouffe... Je crains que ce ne soit une indigestion.

BLANDUREAU.

Ça ne m'étonnerait pas... il a tant dévoré à souper!... alors de l'émétique, et même une grosse saignée. — J'y cours... (Il veut ouvrir la porte de Goupillon.) Eh bien! il est enfermé.

MADAME RADU.

O ciel! nous sommes surpris!

GOUPILLON, criant.

Que me veut-on?... Qu'est-ce qu'il y a?... qu'est-ce?

BLANDUREAU.

Je viens vous secourir dans votre affreuse position.

MADAME RADU.

L'insolent!

GOUPILLON.

Je n'ai pas besoin de secours.

BLANDUREAU.

Si fait, si fait... Ouvrez-donc... ouvrez-donc... (il regarde par le trou de la serrure.) Mais, vous n'êtes pas seul... une femme!... ouvrez, monsieur, je vous l'intime, ou je jette la porte en dedans.

MADAME RADU.

Ma réputation est enfoncée!.... Dérobez-moi...

GOUPILLON.

Où? où?... je ne vois pas de cachette... s'il y avait une armoire!...

MADAME RADU, regardant au fond.

En voici une.

GOUPILLON.

Blottissez-vous-y!

MADAME RADU.

Je m'y blottis.

(Elle s'y précipite.)

SCÈNE IX.

GOUPILLON, BLANDUREAU, THOMAS.

BLANDUREAU.

Je réitère que je vais enfoncer la porte.

GOUPILLON, ouvrant.

Monsieur, vous pratiquez donc ici une inquisition espagnole?

BLANDUREAU, entrant.

Oui, monsieur, sur le chapitre des mœurs. Dites-moi... où avez-vous caché la femme imprudente... Mais, que vois-je! une ceinture!... un mouchoir!... (il les prend et les examine.) Ciel!.. à ma fille!...

(Il tombe sur un siége.)

THOMAS.

Qu'entends-je!

GOUPILLON.

Père Blandu...

THOMAS, vivement.

Mais non, monsieur, non, ne croyez pas...

BLANDUREAU.

Ne pas croire! mais les preuves sont accablantes! cette ceinture, à elle! ce mouchoir, à elle! On me l'avait bien dit, je ne voulais pas le croire, qu'elle avait le mauvais goût d'aimer ce polichinelle...

GOUPILLON.

Polichinelle!... monsieur, vous abusez de votre château.

THOMAS.

Monsieur, monsieur, je vous atteste...

BLANDUREAU.

Il faut bien croire ce que l'on voit.

THOMAS.

Il faut donc voir la femme qui était ici, avant de condamner votre fille.

GOUPILLON, à part.

S'ils découvrent la Radu, je perds Anaïs!.. (Haut.) Messieurs, respectez ma chambre.

BLANDUREAU.

Tu n'as pas respecté mon château!... Il faut que je la trouve, et je la punirai, la malheureuse. Hélas!... le châtiment sera trop cruel... puisqu'il faudra la marier avec toi.

GOUPILLON.

Ah! (A part.) Je triomphe.

THOMAS, à part.

J'ai bien réussi! (Haut.) Mais ce n'est pas elle qui était ici, je le jure! cherchons d'abord partout. — Ah! tenez, voici une armoire.

(Il y court. Goupillon s'élance au-devant de lui.)

GOUPILLON.

Je ne veux pas!... je m'y oppose!

THOMAS.

Monsieur!...

GOUPILLON.

Vous n'y arriverez qu'à travers mon trépas!..

THOMAS.

Eh! morbleu!...

(Il le pousse et ouvre l'armoire.)

GOUPILLON, à part.

Écroulé!

THOMAS, interdit.

Personne!...

GOUPILLON, joyeux.

Personne?...

BLANDUREAU.

Pardieu! c'est un passage secret qui conduit au grenier, comme dans tous les châteaux.

GOUPILLON, à part.

Plus de Radu!... Oh joie!... (Haut.) Eh bien! oui, monsieur, je l'avoue avec candeur, c'était votre fille unique, entraînée par la passion mutuelle qui nous ravageait... mais je laverai la tache, j'épouserai votre enfant.

THOMAS.

Ne le croyez pas, monsieur, il la calomnie...

GOUPILLON.

Monsieur Thomas!...

THOMAS.

Et la preuve... Ah! comment n'y ai-je pas songé plus tôt?... Courez à sa chambre, vous la trouverez endormie, sans doute.

BLANDUREAU, joyeux.

Si c'était vrai?... Justement, j'ai une double clé.

(Il court ouvrir la chambre d'Anaïs et y entre.)

THOMAS, à Goupillon.

Eh quoi! vous aviez l'impudeur de déshonorer cette jeune fille!

GOUPILLON.

Taisez-vous donc!

BLANDUREAU, revenant.

Elle n'y est pas!...

GOUPILLON.

Elle n'y est pas?

THOMAS.

Elle n'y est pas!

BLANDUREAU, avec un désespoir morne.

Monsieur Goupillon, vous êtes un particulier fort médiocre. — Jamais, sans cet incident, vous n'auriez eu ma fille. — Elle sera bien malheureuse avec vous!...

GOUPILLON.

Non, père Blandureau, elle aura de la félicité... Vous lui donnerez une dot, n'est-ce pas?

BLANDUREAU.

Il le faut bien, pour la dédommager d'un homme aussi... aussi laid... (Criant.) Car vous êtes laid, monsieur!

GOUPILLON.

Mais non, mais non.

BLANDUREAU.

Ne me contrariez pas, vous êtes laid.

GOUPILLON.

Je ne suis pas aussi laid... que j'en ai l'air.

THOMAS, à part

Et c'est moi qui l'ai voulu!

BLANDUREAU.

Mais il faut que je la cherche, que je la

trouve.— Messieurs, je n'ai pas besoin de vous recommander la plus grande discrétion...

GOUPILLON.

Soyez tranquille, beau-père...

THOMAS.

Monsieur, je vous jure encore...

(On entend des cris de frayeur.)

SCÈNE X.

Les Mêmes, GOBLOT; ensuite M. et Mme JACQUART, en déshabillé.

GOBLOT, en caleçon et bonnet de nuit.

Au voleur! au voleur! à l'assassin!...

(Il entre tout effrayé dans la chambre de Goupillon.)

TOUS.

Qu'est-ce que c'est?

GOBLOT, tout pâle.

Un assassin ou un voleur qui vient d'entrer dans ma chambre et de se jeter sur mon lit!

TOUS.

Est-il possible?

GOBLOT.

Allez-y voir.

MADAME JACQUART.

Je meurs de peur... que les plus braves d'entre vous y courent, messieurs.

BLANDUREAU.

Goupillon, vous qui êtes brave...

GOUPILLON.

Je vais chercher des armes.

THOMAS.

Eh! il ne faut pas tant de façons.

(Il sort.)

GOUPILLON, criant.

Ce voleur était-il seul?

GOBLOT.

Je ne sais pas... Vous savez combien je suis sourd; je n'ai pas pu voir!...

SCÈNE XI.

Les Mêmes; THOMAS, amenant par le bras Mme RADU.

MADAME RADU, dans le corridor.

Laissez-moi donc!... vous vous trompez, je ne suis pas un brigand.

TOUS.

C'est madame Radu!

(Elle entre dans la chambre d'un air solennel.)

BLANDUREAU.

Que de catastrophes dans mon château!... quelle nuit laborieuse!... Que faisiez-vous, madame, dans la chambre de M. Goblot?...

MADAME RADU.

Un quiproquo!... J'étais sortie de la mienne, pour des raisons personnelles... ma lumière s'est éteinte en route, je me suis trompée de porte, je suis entrée chez ce sourd, croyant rentrer chez moi; puis, me précipitant sur son lit, que je présumais le mien, j'ai senti avec effroi un corps maigre... je l'ai assommé de coups de poing... sur ce, il a vociféré des hurlements, comme c'est l'usage des sourds... et même de toute espèce de vieillards, à qui on prodigue des torgnoles.

GOBLOT.

Qu'est-ce qu'elle dit? qu'est-ce qu'elle dit?

BLANDUREAU.

Jetons un voile épais sur ces aventures ténébreuses, dont mon château est la cause innocente... Allons tous nous recoucher, sans nous tromper de chambre. (A part.) Et moi, je vais chercher ma fille.

SCÈNE XII.

Les Mêmes; ANAÏS et Mme BLANDUREAU, sortant de leur chambre, et entrant dans celle de Goupillon.

MADAME BLANDUREAU.

Quel sabbat fait-on dehors?... il est impossible de fermer l'œil.

BLANDUREAU.

La voilà!... D'où viens-tu? malheureuse enfant!

MADAME BLANDUREAU.

De ma chambre.

ANAÏS.

Où je m'étais réfugiée pendant l'orage.

MADAME BLANDUREAU.

Et elle ne m'a plus quittée.

GOUPILLON, à part.

Ah! je suis coulé à fond!

BLANDUREAU, à Goupillon.

Mais vous venez de me dire qu'ici... cette nuit... Anaïs...

ANAÏS, surprise.

Moi!

MADAME BLANDUREAU.

Elle!

ANAÏS, indignée.

Ah! monsieur! (A part.) Le lâche!

BLANDUREAU, enchanté.

Ma fille est pure comme la neige! (A Goupillon avec colère.) Et vous abusiez de mon erreur, pour épouser mon château!

MADAME RADU, allant à Goupillon.

C'est moi, moi, qu'il a compromise!.. Rends-moi l'honneur, homme vicieux... Je suis à toi pour la vie.

GOUPILLON.

Pour rien du tout! — Mais, père Blandu...

BLANDUREAU.

Plus de père Blandureau, monsieur! supprimez cette locution familière, et que demain le soleil ne vous retrouve plus dans ma propriété!

THOMAS, avec joie.

Ah! je reste maître de la place.

(Il s'approche d'Anaïs.)

GOUPILLON.

Non! — Il ne m'y trouvera plus, le soleil! — J'en ai assez, de la vie des champs. Je m'en retourne à Paris, dans mon beau chef-lieu... En fait de châteaux et de chaumières, je n'admets plus que le Château-d'eau et la Chaumière du Mont-Parnasse.

GOBLOT, passant entre Blandureau et Goupillon.

Quoi! qu'est-ce que vous dites?

GOUPILLON, exaspéré.

Ah! qu'il est embêtant! — Allez vous coucher!... à c'te chambre!

(Goblot s'enfuit jusqu'au fond du corridor.)

GOUPILLON.

AIR de Gustave.

On dit dans des vers fort touchants
Que le bonheur habite aux champs;
Mais cette année, apparemment,
Il a changé de logement.

CHOEUR.

On dit, etc.

ANAÏS, au public.

AIR d'Yelva.

L'auteur, que l'espoir accompagne,
Rêve un succès, qui souvent ne vient pas;
Il fait des châteaux en Espagne
Qui s'écroulent avec fracas!
De nous, ce soir, que ce danger s'écarte :
N'oubliez pas, pour nous y dérober,
Qu'un vaudeville est un château de carte
Qu'un souffle peut faire tomber.
Un vaudeville est un château de carte :
Un souffle, hélas! peut le faire tomber.

FIN DE LA VIE DE CHATEAU.

PARIS. — IMPRIMERIE NORMALE DE JULES DIDOT L'AINÉ,
n° 4, boulevart d'Enfer.

www.ingramcontent.com/pod-product-compliance
Ingram Content Group UK Ltd.
Pitfield, Milton Keynes, MK11 3LW, UK
UKHW020540180726
13839UKWH00006B/2633